BLAZERS
Bilingüe/Bilingual

Las Fuerzas Armadas de EE.UU./
The U.S. Armed Forces

La Fuerza Aérea de EE.UU./

The U.S. Air Force

por/by Matt Doeden

Consultora de Lectura/Reading Consultant:
Barbara J. Fox
Especialista en Lectura/Reading Specialist
Universidad del Estado de Carolina del Norte/
North Carolina State University

Capstone
press®

Mankato, Minnesota

Blazers is published by Capstone Press,
151 Good Counsel Drive, P.O. Box 669, Mankato, Minnesota 56002.
www.capstonepress.com

Library of Congress Cataloging-in-Publication Data
Doeden, Matt.
   [U.S. Air Force. Spanish & English]
   La Fuerza Aérea de EE.UU./por Matt Doeden = The U.S. Air Force/by Matt Doeden.
   p. cm.—(Blazers—Las Fuerzas Armadas de EE.UU. = Blazers—The U.S.
Armed Forces)
   Includes index.
   ISBN-13: 978-0-7368-7746-6 (hardcover : alk. paper)
   ISBN-10: 0-7368-7746-0 (hardcover : alk. paper)
   1. United States. Air Force—Juvenile literature. I. Title. II. Title: U.S. Air Force.
UG633.D5918 2007
358.400973—dc22   2006027470

Summary: Describes the U.S. Air Force in action, including their aircraft, weapons and
equipment, and jobs—in both English and Spanish.

Editorial Credits
Carrie A. Braulick, editor; Juliette Peters, designer; Jo Miller, photo researcher;
   Eric Kudalis, product planning editor; Strictly Spanish, translation services;
   Saferock USA, LLC, production services

Photo Credits
AFFTC History Office, 6, 12, 13, 16–17
Capstone Press/Gary Sundermeyer, cover (inset)
Corbis/Patrick Robert, 21 (bottom)
DVIC, 19; Ken Hackman, 5; SSgt Karen Z. Silcott, 25; TSgt Derrick Harris, 8–9;
   TSgt Hans H. Deffner, 27; TSgt Jack Braden, cover, 7; U.S. Air Force
   photo/SSgt Grey L. Davis, 28–29
Fotodynamics/Ted Carlson, 22, 23
General Atomics Aeronautical Systems Inc., 15 (bottom)
Getty Images Inc./Paula Bronstein, 26; U.S. Air Force/Tom Reynolds, 20; U.S. Air
   Force photo, 14, 21 (top)
Lockheed Martin Aeronautics Company, 11, 15 (top)

**Capstone Press thanks Raymond L. Puffer, PhD, historian, Edwards Air Force Base
History Office, Edwards, California, for his assistance in preparing this book.**

1 2 3 4 5 6 12 11 10 09 08 07

Table of Contents

Tabla de contenidos

The U.S. Air Force in Action

Three U.S. Air Force F-16s soar toward five other jets. The other jets have just entered U.S. airspace.

La Fuerza Aérea de EE.UU. en acción

Tres aviones F-16 de la Fuerza Aérea de EE.UU. vuelan hacia otros cinco aviones. Los otros aviones acaban de ingresar al espacio aéreo de Estados Unidos.

The U.S. pilots fire several warning shots. The other pilots fire missiles at the F-16s. The U.S. pilots turn and dive to dodge the missiles.

Los pilotos de Estados Unidos lanzan varios tiros de advertencia. Los otros pilotos lanzan misiles a los aviones F-16. Los pilotos estadounidenses viran y vuelan en picada para evitar los misiles.

The F-16 pilots fire missiles at the enemy jets. Two of them explode. The remaining enemy jets turn around. The F-16 pilots have won the fight.

Los pilotos de los F-16 lanzan misiles a los aviones enemigos. Dos de ellos explotan. Los demás aviones enemigos emprenden la retirada. Los pilotos de los F-16 han ganado la pelea.

BLAZER FACT

The first aircraft used by the U.S. military were hot-air balloons.

DATO BLAZER

La primera aeronave utilizada por los militares de Estados Unidos fueron globos aerostáticos.

Air Force Aircraft

Fighters are the fastest Air Force planes. F/A-22s can fly 1,500 miles (2,414 kilometers) an hour.

Aviones de la Fuerza Aérea

Los aviones de combate son los más rápidos de la Fuerza Aérea. Los aviones F/A-22 pueden volar a 1,500 millas (2,414 kilómetros) por hora.

F/A-22 fighter/Avión de combate F/A-22

★ ★ ★ ★ ★ ★ ★ ★ ★ ★ ★ ★ ★

Bombers destroy targets on the ground. The B-2 Spirit bomber can drop bombs without being seen by enemy radar.

Los aviones bombarderos destruyen objetivos en tierra. El bombardero B-2 Spirit puede lanzar bombas sin ser detectado por los radares enemigos.

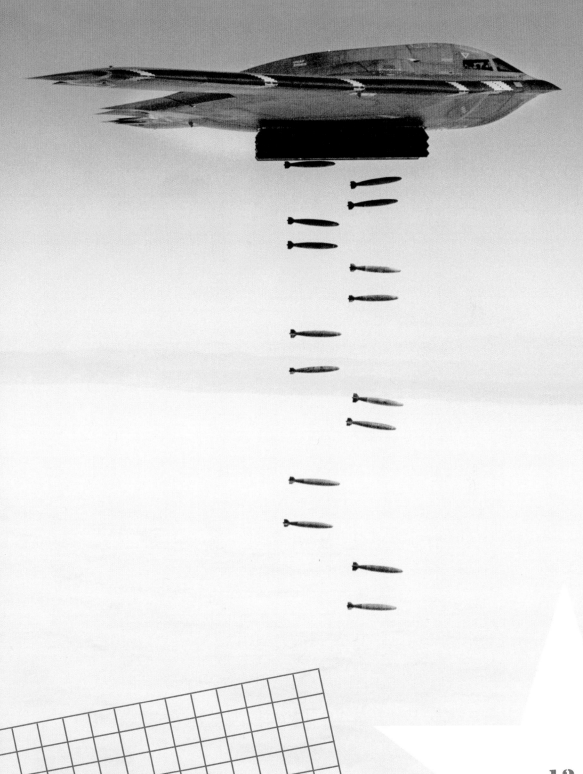

Cargo plane/Avión de carga

The Air Force has other planes. Cargo planes carry gear. Stealth planes are hard for enemies to locate. Remote-controlled planes are flown from the ground.

La Fuerza Aérea tiene otros aviones. Los aviones de carga transportan equipo. Los aviones invisibles al radar no son localizados fácilmente por los enemigos. Los aviones a control remoto son operados desde tierra.

Stealth plane/Avión
invisible al radar

Remote-controlled plane/
Avión a control remoto

F-16 Fighter Diagram

Missiles/Misiles

Tail/Cola

AF 88 473

Engine/Motor

Missile/Misil

Diagrama de un avión de combate F-16

Cockpit/Cabina

Nose/Nariz

Weapons and Equipment

Missiles are some of the deadliest weapons of the Air Force. Lasers and cameras guide some missiles to targets.

Armamento y equipo

Los misiles son una de las armas más letales de la Fuerza Aérea. Rayos láser y cámaras guían a algunos misiles hacia sus objetivos.

Bombs destroy targets on the ground. Laser-guided bombs can hit small targets. Bunker busters can destroy underground hideouts.

Las bombas destruyen objetivos en tierra. Las bombas guiadas con láser pueden llegar a objetivos pequeños. Las destructoras de trincheras pueden destruir escondites subterráneos.

BLAZER FACT

A JDAM missile takes only 30 seconds to find its target.

DATO BLAZER

Un misil JDAM tarda sólo 30 segundos en encontrar su objetivo.

JDAM/JDAM

Oxygen mask/Máscara de oxígeno

Head-up display/Pantalla de vuelo

Pilots wear oxygen masks while flying high. Head-up displays show pilots flight information.

Los pilotos usan máscaras de oxígeno mientras vuelan a grandes alturas. Las pantallas de vuelo muestran a los pilotos información de vuelo.

Air Force Jobs

Many Air Force members are pilots. Other members fix planes, cook, or keep track of flights.

Empleos en la Fuerza Aérea

Muchos miembros de la Fuerza Aérea son pilotos. Otros miembros arreglan aviones, cocinan o llevan el control de los vuelos.

Air Force members have different ranks. Officers have higher ranks than other members. The Chief of Staff has the highest rank.

Los miembros de la Fuerza Aérea tienen diferentes rangos. Los oficiales tienen rangos más altos que otros miembros. El Jefe del Estado Mayor tiene el rango más alto.

BLAZER FACT

Many Astronauts were once Air Force pilots.

DATO BLAZER

Muchos astronautas fueron en algún momento pilotos de la Fuerza Aérea.

AIR FORCE RANKS/
RANGOS DE LA FUERZA AÉREA

★★★★★★★★★★★★★★★★★★★

ENLISTED/SUBOFICIALES
Airman/Aerotécnico
Sergeant/Sargento

OFFICERS/OFICIALES
Lieutenant/Teniente
Captain/Capitán
Major/Mayor
Colonel/Coronel
General/General
Chief of Staff/Jefe del Estado Mayor

F-16 Fighters/
Aviones de
combate F-16

Glossary

airspace—the space above a country; a country controls which planes can fly in its airspace.

bunker buster—a large laser-guided bomb built to destroy underground enemy hideouts

dodge—to avoid something by moving quickly

laser—a device that makes a powerful beam of light; laser-guided bombs follow laser light to their targets.

radar—equipment that uses radio waves to locate and guide objects

rank—an official position or job level

stealth—having the ability to move secretly

Internet Sites

FactHound offers a safe, fun way to find Internet sites related to this book. All of the sites on FactHound have been researched by our staff.

Here's how:

1. Visit *www.facthound.com*
2. Choose your grade level.
3. Type in this book ID **0736877460** for age-appropriate sites. You may also browse subjects by clicking on letters, or by clicking on pictures and words.
4. Click on the **Fetch It** button.

FactHound will fetch the best sites for you!

Glosario

la destructora de trincheras—una bomba grande guiada con láser hecha para destruir escondites enemigos subterráneos

el espacio aéreo—el espacio sobre un país; un país controla cuáles aviones pueden volar en su espacio aéreo.

esquivar—evitar algo moviéndose rápidamente

invisible al radar—que puede moverse secretamente

el láser—un aparato que crea un poderoso rayo de luz; las bombas guiadas por láser siguen la luz láser hasta sus objetivos.

el radar—equipo que usa ondas de radio para localizar y guiar objetos

el rango—una posición oficial o nivel de empleo

Sitios de Internet

FactHound proporciona una manera divertida y segura de encontrar sitios de Internet relacionados con este libro. Nuestro personal ha investigado todos los sitios de FactHound. Es posible que los sitios no estén en español.

Se hace así:

1. Visita *www.facthound.com*
2. Elige tu grado escolar.
3. Introduce este código especial **0736877460** para ver sitios apropiados según tu edad, o usa una palabra relacionada con este libro para hacer una búsqueda general.
4. Haz clic en el botón **Fetch It.**

¡FactHound buscará los mejores sitios para ti!

Index

Índice